Frieden im Herzen

Gedichte und Gedanken
von
Wiebke Eggers

Ursprung Verlag

In der Natur
ruhen Friede und Harmonie,
die Waage des Seins und Nichtseins
schwingt wie das große Pendel der Zeit.
Jeder Herzschlag in uns
zeigt uns unsere Grenzen,
lässt uns die Unglaublichkeit fühlen,
dass es uns gibt.
Die Ewigkeit, in der wir uns bewegen,
ist die, die war und sein wird.

Ich weiß nicht alles,
aber ich fühle alles.

Gib mir, was ich brauch´,
zeig mir deine Kraft,
schenk mir deine Ruhe,
ich liebe dich.

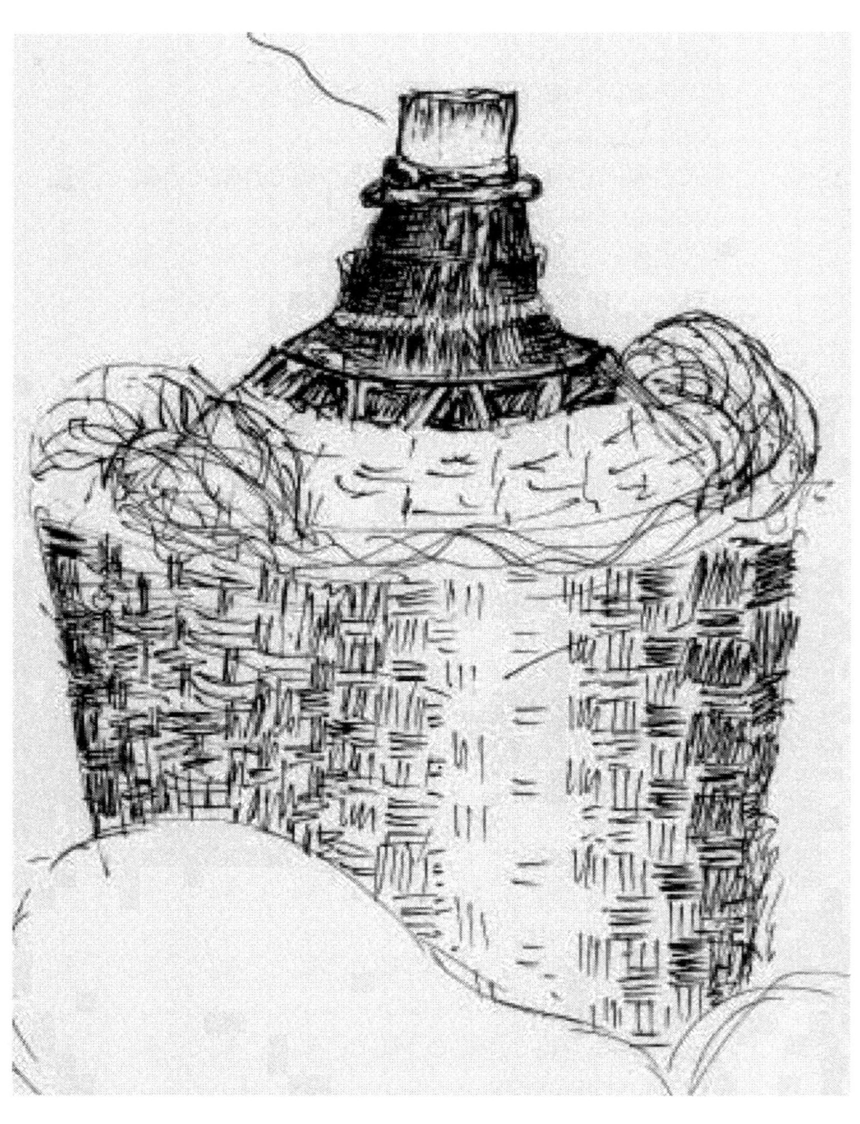

Können Liebe und Vernunft
in der heutigen Zeit siegen?
Wenn nicht, wird der Mensch
nicht überleben.

Existenz
- es gibt mich,
erkennen,
anerkennen.

Die Welt ist krank,
was fehlt ihr?
Der Mensch, dieser Parasit,
tötet sie aus Habgier.

In der Wüste Schnee?
Frühling im Winter!
50°C im Schatten.
Überschwemmungskatastrophen.
Tausende von Toten.
Zufall?

Warum?
Frag nicht so dumm!
Wer keine „dummen" Fragen stellt,
der hat sich schon den Sarg bestellt.

Keine Ruhe, keine Rast,
ständig Hektik, ewig Hast,
oh, wir leben komfortabel,
große Autos und verkabelt,
Dallas zeigt, was wir
zu wünschen haben.
Geben ist „out",
Nehmen ist „in",
Geben heißt Glück,
wo bleibt da der Sinn?

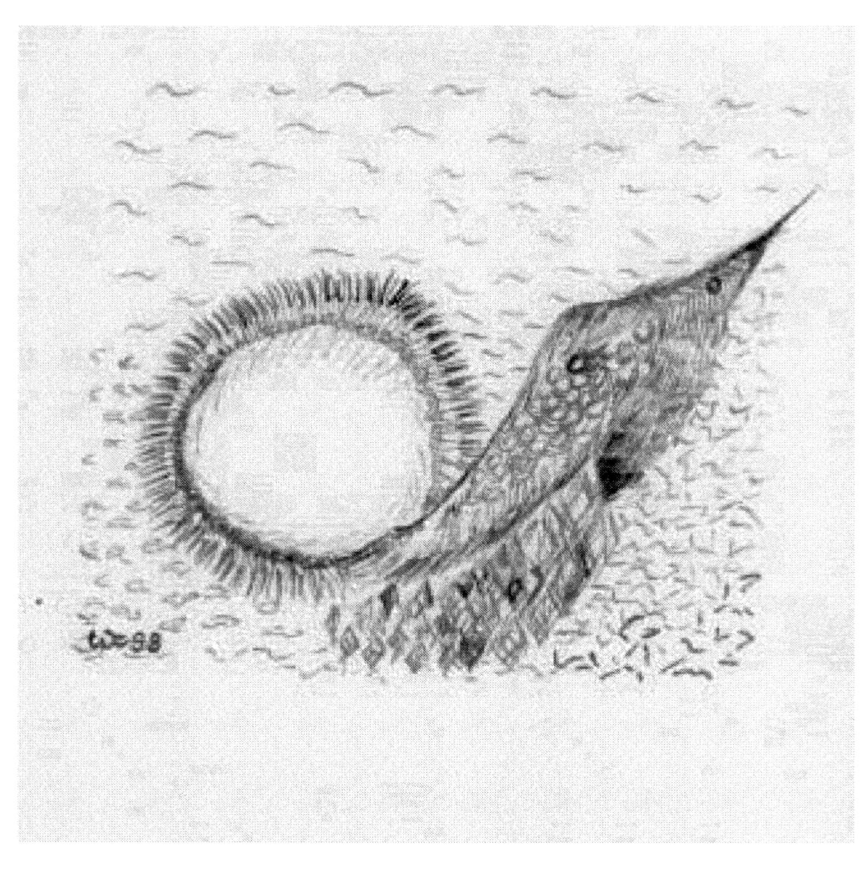

Gib her- immer mehr,
das muss ich haben,
besonders günstig,
neue Kollektion,
nicht mehr aktuell-
Kleidersammlung?
Müll!

Ruhe, wo finde ich dich?
Ein schriller Ton
wandert durch mein Leben.
Wann er leise begonnen hat,
das weiß ich nicht.
Er ergötzt sich
an meiner Todesangst
und schrickt zurück
vor meiner Lebenslust.
Dazwischen wandere ich
auf dem Pfad des Alltags.

Wie viele Tote heute?
Bombe?
Straßenschlacht?
Massaker?
Naturkatastrophe?
Oh, Mensch.

Woher kommt
die Einsamkeit in eure Herzen,
diese Einsamkeit,
die Unzufriedenheit schürt?
Wann hast du zuletzt
statt in den Fernsehapparat
in ein offenes Gesicht geblickt?
Um dich herum
türmt sich der Luxus
längst selbstverständlich.
Schaff´ dir Reichtum im Herzen,
schenke dich.

Sprenge die Ketten
des Herzens,
durch Angst gebunden
trägt es die Trauer mit sich.

Die Ketten werden brechen,
die lange um mich war´ n,
sie sind schon manchmal
unsichtbar,
doch noch da.
Die Mauer werd´ ich brechen,
das Eis, das werd´ ich schmelzen,
den Berg werd´ ich ersteigen,
die Freiheit fühlen
und in die Lüfte steigen.

Seele, liebe Seele,
welche Wege gehst du,
welche Sorgen trägst du,
du erträgst dein Los,
weil dich Menschen lieben,
Hoffnung, du wirst siegen.

Was wäre das Weiß ohne Schwarz,
das Bunt ohne Grau?
Was wäre die Freude ohne Trauer,
das Leben ohne Tod?
Die Selbstverständlichkeit
soll der Dankbarkeit weichen.
Wenn du im Leben
einen Pol berührst,
denk´ daran,
dass es noch einen anderen gibt.

Dicke Kartoffel,
du Wunder der Natur,
dein Wohlgeschmack
verwöhnt den Kenner
und nicht nur den
Kartoffelkäfer.

Dein Haus stürzt ein,
wir halten noch die Wände,
Du bist aus dem Häuschen
und findest nicht mehr rein.
Hoffentlich findest du zurück,
sonst werden wir unter den
Mauern begraben.

Sommernacht,
sternenklar,
wunderbar,
Erde, blauer Stern,
hier pulsiert das Leben,
vielleicht auch fern.

Sonne, leuchte hell,
vielleicht sieht dich jemand
am anderen Ende der Welt.

Blüte, zeigst mir dein Gesicht,
dein Duft schwebt in der Luft.
Die Aura der Jungfräulichkeit
umgibt dich.
Der Tanz des Lebens
kann beginnen.

Du kommst zu mir
und fragst um Rat,
ich will dir geben, was ich hab,
ein offenes Ohr für deine Sorgen
und ein paar Worte, die dich trösten,
du bist nicht mehr verloren,
freust dich auf morgen.

WE 01

Ich brauche keinen Kaffee mehr,
das waren deine Worte,
als du durch das Tor
der Ewigkeit geschritten bist.
Eingehüllt in Frieden
hast du uns an Weisheit
übertroffen.

Bilder aus vergangener Zeit,
geliebte, nie vergessene Menschen,
die noch in der Erinnerung
unter uns weilen.
Und andere, die damals
so wichtig für uns waren,
ich weiß nicht mehr warum.
Wer von den Menschen,
die ich heute liebe,
wird später für mich
unvergessen sein?

Regentropfen,
Lebensspender,
die Natur zieht aus dir
neue Kraft,
Wasser,
kostbarer Saft.

Fragen, die du als Kind
gestellt hast,
gehen auf dem Weg
zum Erwachsensein
verloren.
Wenn du dich finden willst,
musst du sie suchen
und wieder stellen.

Streng und unbarmherzig
scheint dir mein Urteil,
du weist meine Kritik zurück
und zeigst mir meine Fehler auf.
Ich habe Hochachtung
vor deinem Mut,
du kleines Wesen,
1.10 Meter groß,
meine Tochter.

Wohin siehst du?
Deine Augen schauen
nicht ins Leere,
sondern nach innen.

Was siehst du dort?
Dein Gesicht zeigt es nicht.
Du bist bewegungslos
-   aktiv der Geist.

Liebe Rose,
Rose- Liebe,
Glut des Herzens,
wilde Freude,
leih mir deine Schönheit
für diese Nacht.

Eine Reise
durch die Welt von morgen,
die Sonne lässt die Farben
fröhlich leuchten.
Die Ruinen sind längst
überwachsen.
Blumen wiegen sich
friedlich im Wind.
Kein menschlicher Fuß
wird sie je zertreten.

Flammen tanzen
auf und nieder,
die Wärme umhüllt mich.
Das glühende Holz
gibt meiner Phantasie Nahrung.
Verschwunden ist die letzte Spannung
in meinem Körper,
frei ist mein Geist.

Solange die Menschen
etwas finden,
was sie an anderen
zu bemängeln haben,
können sie sich
darum drücken
Selbstkritik zu üben.

Es sind diejenigen,
die wir lieben,
die uns wirklich
verletzen können.

Ich bin gekommen
und ich werde gehen,
dazwischen soll
bescheiden
mein Leben stehen.

Reise durch bestimmte Zeit,
Reise durch die Ewigkeit,
nur ein Augenblick erhascht,
einen kleinen Blick gewährt
von dem Ganzen, kleiner Teil,
doch Vollkommenes gelehrt.

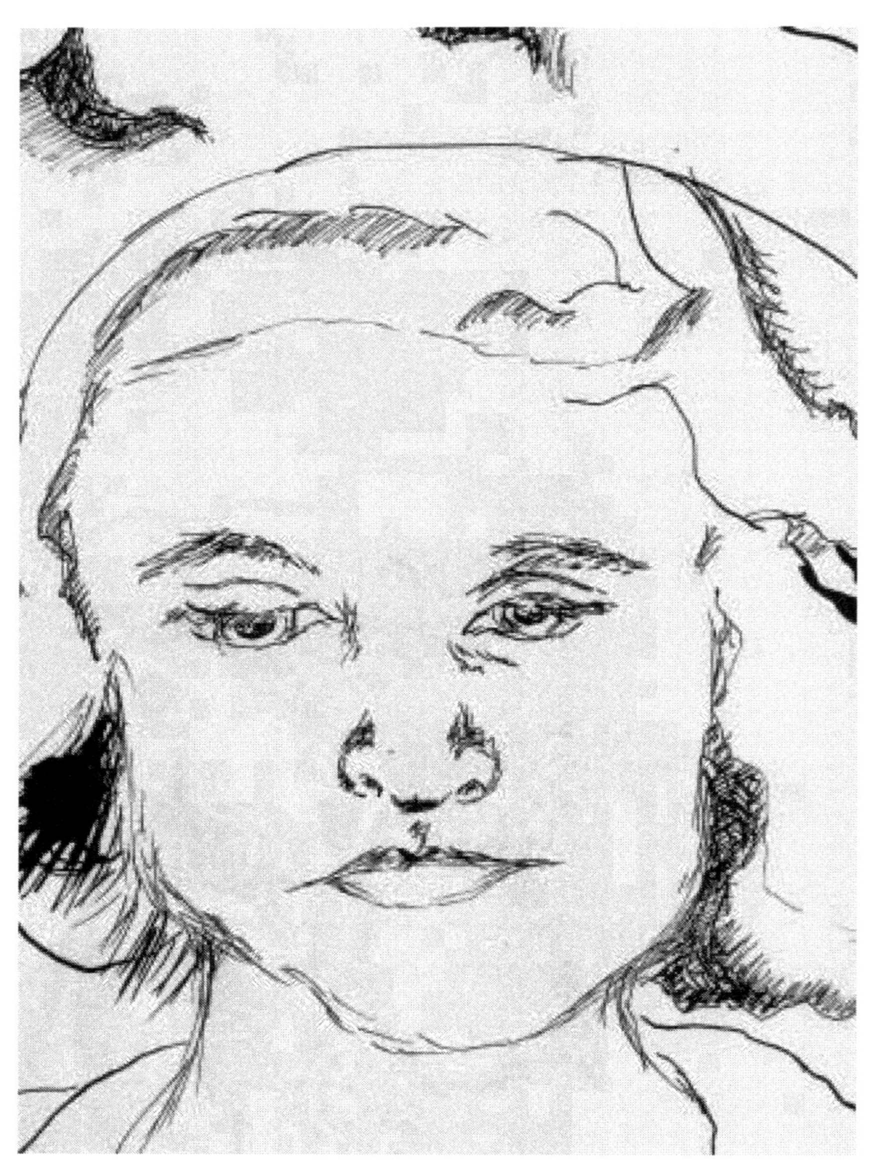

Das gläserne Fenster
verbindet und scheidet.
Bist du außen, siehst du
das Spiegelbild der Welt.
Schau dahinter, dann
siehst du das Innenleben.
Bist du drinnen, schaust hinaus,
siehst du die Welt,
doch wenn sie nicht
durchs Fenster schaut,
kann sie dich nicht erkennen.

Diese Straßen waren mein Zuhause,
diese Wege bin ich täglich
entlanggegangen,
so viel hat sich verändert,
aus der dörflichen Umgebung
ist Beton emporgewachsen.
Nichts ist mehr so, wie es war.
Auch die Menschen haben sich verändert,
sich dem stumpfen Gleichmut angepasst.
Hinter den Fenstern gähnt Langeweile.
Das Fernsehen schlägt die
Propagandatrommel
für das moderne Konsumleben.
Vergesst nicht, was Leben bedeutet,
das kurze Geschenk der Ewigkeit.

Im Fenster spiegelt
sich die Welt
verzerrt,
was ist real,
das Spiegelbild
oder die Welt?

Augen,
Spiegel der Seele,
zeigen Freude
und Sorgen.
Schau in meine Augen
und erkenne,
was ich fühle.

Du machst dir Sorgen,
was werden wird,
es kann doch nicht mehr
schlimmer werden,
was machst du dir noch Sorgen,
das Schlimmste ist geschehen,
wir wollen mit Mut
in die Zukunft sehen.

Vergangenheit,
Spiegelbild der Zeit.
Was war wird sein.
Was nicht war
wird´ s gegeben haben.

Das Auf und Ab des Alltags
hat unsere Liebe nicht zerstört,
bei dir fühl´ ich mich geborgen,
ich liebe dich, verstehe dich,
freu´ mich mit dir auf morgen.

In deinen Armen
bin ich frei,
das Glück,
das ist unendlich.
Ich bin ein
Feuervogel
und ich fliege
in die höchsten
Höhen.

Rote Rose,
Blattläuse wollen dich
zerfressen,
ich werde sie zerstören,
werd´ dich behüten,
du dankst mir dafür
mit deinem schönen
Antlitz und dem
wunderbaren Duft.

Es sind nur ein paar Schritte
und nur ein paar Gedanken
zu dir.
Ein kurzer Weg,
der uns verbindet
und trennt.
In Gedanken
gehe ich den Weg
genauso gern
wie zu Fuß.

Der Blick nach draußen,
schöne Welt,
Sinne, nehmt sie auf,
die sterbende Natur,
sie zeigt euch nur noch jetzt
ihre unvergleichliche Schönheit.
Das Spiel geht weiter,
das russische Roulette,
das der Mensch mit der Natur spielt.
Doch wenn sie stirbt,
ist auch für den Spielmacher
das Spiel zu Ende.

Die Zeiten ändern sich,
die Menschen bleiben gleich;
das Streben nach Bequemlichkeit
ist nicht neu.

Es gab immer Menschen,
die um der Gerechtigkeit willen
starben, für Menschen,
die vor unbequemen Wahrheiten
die Augen verschließen.

Du bist der Stern
an meinem Himmel
in einer lauen Sommernacht,
du leuchtest hell
in jeden Winkel
meines Herzens.

Freundschaft,
unbezahlbares Gut,
Freunde,
wie gut ihr mir tut,
ich freue mich,
denn ich kann euch lieben,
und das ist in dieser Zeit,
wo oft Muße zur
Besinnung fehlt,
nicht jedem gegeben.

Augenblick,
gefangen zwischen Leben und Tod,
Monument der Zeit,
gelebt,
vergessen
- nie vergessen.

Warum ist es nicht möglich,
dass jeder leben kann.
Was treibt den Menschen dazu,
dass er immer besser leben will
als sein Nachbar?
Was macht aus dem Menschen
den erbarmungslosen Kämpfer
gegen seine Mitmenschen?

Warten auf den Krieg,
warten auf den Tod.
Ist es Bestürzung oder
Voyeurismus, was zu
der Äußerung veranlasst:
„Wie entsetzlich!"?
Das gleiche sagt ihr auch,
wenn der Hund auf den
Teppich gepinkelt hat.
Ich sehe eine Freude
in euren Augen,
wenn ihr sagt:
„Wie entsetzlich".
Endlich gibt´ s was
zu reden, nicht wahr?

Wie viele Jahre Liebe
habt ihr hinter euch,
ihr morgen Toten,
wie viele Jahre Trauer
sind noch übrig
für die Lebenden?

Gerade dachte ich an dich,
ich habe grad` an dich gedacht.
Ich hab´ gedacht, was du wohl machst,
hab´ mich gefragt, was du wohl denkst,
ob du wohl weinst oder lachst,
was du wohl machst.

Ist die vergangene Zeit verloren?
Ist sie für immer vorbei?
Manchmal wird sie in einem
Augenblick neu geboren,
löst sich von der Vergänglichkeit.
Dann ist der Moment so lebendig,
so gegenwärtig und nah,
und du bist wieder bei mir,
so wie es früher war.

Es gibt so manche Dinge
auf dieser Welt,
an denen ich verzweifeln würde,
wenn es nicht Menschen gäbe,
die im entscheidenden Moment
da sind, um Hoffnung zu geben.
Wenn ich nicht weiter weiß,
denke, dass ich an Ende bin,
dann zeigen sie mir,
dass es auch wieder einen Anfang gibt,
dass es sich lohnt, zu leben.

Ich hielt dich in den Armen,
da warst du ziemlich klein,
ich halt dich noch im Herzen,
du sollst geborgen sein.
Und plagen dich die Sorgen,
dann bin ich für dich da,
vergehen auch die Tage
und Monate und Jahr`.

Am Himmel steht ein kleiner Stern,
er leuchtet hell und klar,
er leuchtet in mein Herz hinein,
in jeden Winkel, stark und rein,
und das ist wunderbar.

Ich bin eine wilde Wiese,
die gemäht werden soll,
ich bin ein wilder Bach,
der nicht mehr weiß,
wohin er fließen soll,
ich bin ein lebender Stein,
der zertrümmert wird.

Ich bin, was ich bin, aber was?
Ich lebe, ich sterbe, warum?
Ich trauere dem Verlorenen nach.
Es ist doch nur für die begrenzte
Zeit verloren, in der ich lebe.
Nur solang´ mein Herz schlägt,
ist der Schmerz noch wach.

Das wilde Wasser quillt rauschend
über den rauen Stein,
wir wandern durch Schluchten
in herrliche Täler hinein,
wir suchen die reine Natur
und finden sie hier
auf Schritt und Tritt
und finden die eig´ ne Natur
-    und zu uns selbst zurück.

Du hetzt durch das Leben,
du siehst dich nicht um.
Du hasst, die dich lieben,
dein Herz bleibt stumm.
Das Wissen und Können
wird oberstes Ziel,
die täglichen Pflichten
sind dir viel zu viel.
Das „Leben" wird auf die
Zukunft verschoben,
dann, glaubst du, wird man
dich fürs Fleißigsein loben.
Doch wer ist dann da,
der dir noch wichtig ist?
Die Kinder sind groß,
die dich so sehr vermisst.
Die Zeit bleibt nicht stehen,
die das Leben begrenzt.
Auch du musst mal gehen,
mit Schrecken wirst du sehen:
du hast das Leben geschwänzt.

Das Jahr ist alt
und schwer wird mir das Herz.
Ich sitze hier, entsetzlich satt,
wissend, dass viele Menschen
die Weihnachtszeit nicht überleben
werden,
von Hunger gequält und bald
grausam daran gestorben.
Warum bin ich so machtlos,
warum helfen die nicht,
die helfen könnten,
für die ein Fingerzeig genügte
und Menschen könnten leben.
Bald weihnachtet´ s sehr,
das Jahr ist alt und Menschen sterben,
doch die Herzen der Mächtigen sind kalt.

Es gibt nicht nur Träume,
auch Alltag dazwischen,
nur vom romantischen Moment
zum nächsten zu leben,
heißt das nicht,
die Realität zu vergessen?
Wo bleibt da die Gegenwart,
das wirkliche Leben?
Es wird zur Hast und zur Last,
Träume werden zum ewigen Streben.

Ich sitze wie gelähmt
den Pflichten gegenüber.
Mein Herz schlägt viel zu schnell,
zu schnell, zu schnell.
Mein Kopf ist leer,
ich habe kein Konzept,
mir fällt nichts ein
und wenn, dann viel zu viel.
Ich möchte weinen, möchte
sterben, möchte leben,
alles ist für mich zu viel!

Das Gezwitscher der Vögel
hängt in der duftenden Luft,
leicht und fröhlich.
Und du, Kirschbaum,
trägst dein weißes Hochzeitskleid.
Ein sanfter Wind trägt das
Summen der Bienen an mein Ohr.

Was kann ich meinem Kinde geben?
Das Gefühl, geliebt zu werden,
das Gefühl Liebe geben zu können.
Braucht es meine Erfahrungen,
meine Belehrungen?
Es braucht auf jeden Fall
seine eigenen Erfahrungen,
die schönen wie die schmerzlichen.

Papa

Gestern rief ich dich an,
ich hatte Sorgen, nicht zu knapp!
Du hörtest mir zu und nahmst
Anteil an meinem Geschick.
Du gabst mir Rat,
du machtest mich stark.
Du warst immer schon
ein großes Vorbild für mich.
Ich liebe dich.

Ohne Gefühl
Gibt es keine Poesie.

Das Leben ist nicht nur
„Lieben" und „Leiden",
doch spürt man das Leben
durch sie.
Besonders, wenn sie sich
vereinen,
kann das Gefühl „zu leben"
keimen
-    so wie die Poesie.

Es gibt Menschen,
die nicht nur erfüllt sind
von Hass,
sondern für die ihr Hass
auch Erfüllung bedeutet.

Du bist ein Licht in dieser Welt,
in der so vieles dunkel ist.
Ich seh´ dich an, spür´ deine
menschliche Wärme.

Du hörst zu, wenn andere reden
und wenn du redest, weiß ich,
du hast vorher zugehört,
und das ist viel, sehr viel.

Es gibt so wenige Lichter, warum?
Was kann ich ändern, was nur tun?
Ein Licht will ich sein, so wie du,
für andere, die im Dunkeln steh´ n.

So viele Menschen lieben nur sich.
Sie können nicht verstehen,
dass man viel mehr bekommt,
als man gibt,
wenn man liebt.

Im Universum leuchtet
ein helles Licht,
das bist du,
vergiss das nicht.

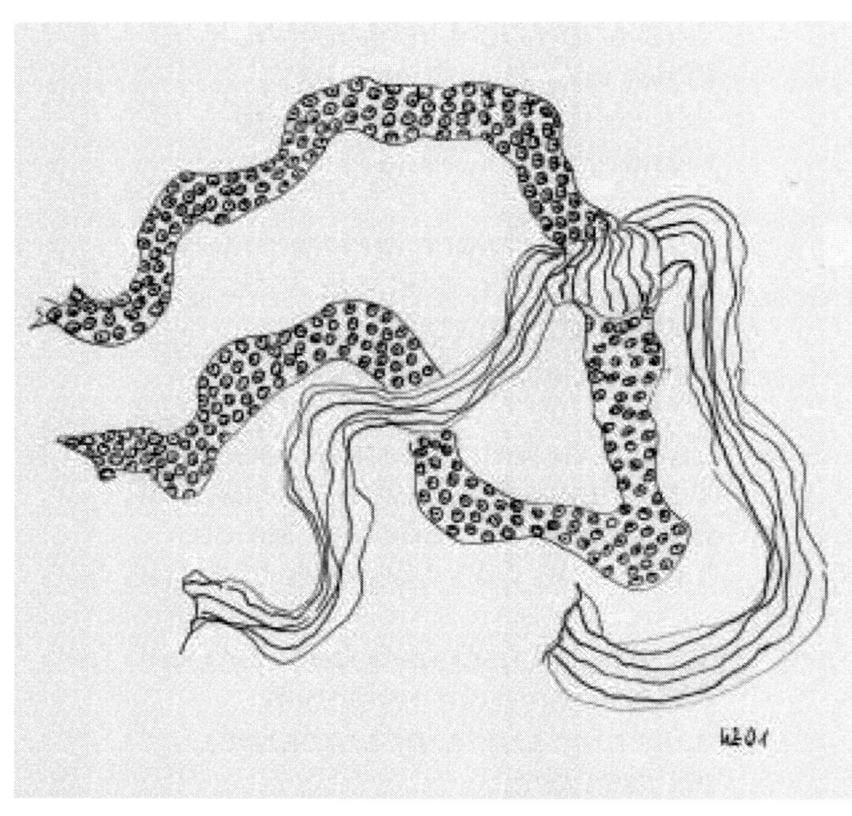

Du hast Spaß an Quälereien,
und das machst du sehr geschickt!
Du stehst da, die Unschuld selber,
alle anderen sind geknickt.

Dann kommst du und tröstest diesen,
jener, der ist Schuld daran.
Dass du alles inszeniert hast,
mit Verachtung intrigiert hast
weiß nur einer, doch der ist „dran".

Aus Vertrauen wird Enttäuschung,
merkt denn niemand, was geschieht?
Wer es merkt, will es nicht wissen,
schließt die Augen vor der Wahrheit,
damit er das Unglaubliche nicht sieht!

Doch wer ist als Nächster dran?
Du, der eben weggesehen,
wirst dich selber bald verachten
und verstehen, was geschehen,
jetzt geht es dich selbst was an,
siehst dich um,
wer hilft mir nur?
Stehst allein auf weiter Flur!

Eigentlich sollte ich froh sein,
der Spuk ist bald vorbei,
der Psycho- Druck,
der Mobbing Spuk,
doch ich bin nur unendlich traurig,
fühle mich beschmutzt,
und sie steht da,
der lebende Beweis dafür,
dass nicht immer
das Gute siegt

Verdächtigt, verurteilt

Wer kann das gemacht haben?
Wahrscheinlich der,
ja, der muss es gewesen sein.
Was hat er an diesem Tag gemacht?
Aha!
Das hat er bestimmt nur aus lauter
Berechnung gemacht, gemein!
Auch für dieses und jenes Verhalten
gibt es Erklärungen!
Er beteuert seine Unschuld?
Was hat das schon zu sagen,
jemand, dem so schlimme Dinge
zuzutrauen sind,
der schreckt auch nicht vor Lügen zurück!
Er hat dir sein Ehrenwort gegeben?
Ha, jemand wie der hat doch gar keine
Ehre.
Man müsste ihm eins auswischen,
zurückzahlen! Doppelt!
So, der ist fertig - am Ende!
Was, der war unschuldig?
Warum hat er es uns denn nicht gesagt?

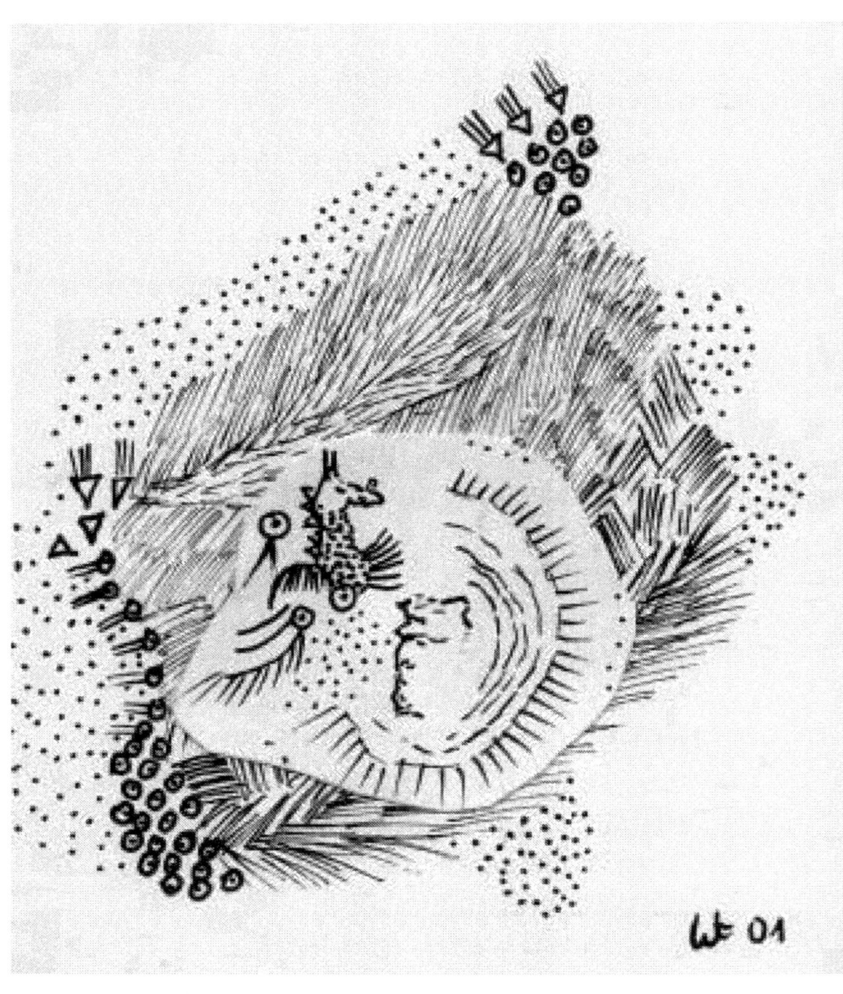

Dinge, für die wir nichts geleistet haben,
erachten wir oftmals als wertlos.
So ist es wohl auch in der Liebe.

Manchmal fühle ich mich
ausgelaugt, ausgesaugt,
wie die leere Hülle
eines Insektes
im Spinnennetz,
zerstört.

Manchmal fühle ich
keinen Boden unter den Füßen.
Ich sehe kein Ziel, keinen Sinn.
Der Schmerz und die Traurigkeit
sind so groß.

Manchmal fühle ich mich
SCHULDIG!, nur weiß ich nicht
so recht weshalb.
Ich wünsche mir, dass alle Menschen
glücklich sind, auch ich.

Manchmal fühle ich mich einsam.

Wunsch

Sein - ohne Kampf,
Frieden im Herzen,
Kraft - aus sich selbst heraus.

Die Vögel zwitschern,
es ist Abend,
ich bin allein.

Du bist gegangen,
im Streit,
ich bin allein.

In das Gespräch
mischte sich Aggression,
ich bin allein.

Es war ´mal anders,
die Liebe siegte,
ich bin so allein.

Sieh mich an,
aus mir ist doch noch
jemand geworden!

Willkommen, Krise,
zeig mir, wo ich steh,
stoß´ mich in die Tiefe,
zieh´ mich in die Höh´.

Warum
leben wir?
Wir leben
    um
zu leben.

Es ist erstaunlich,
dass **die** Menschen,
die keine Eigeninitiative kennen,
plötzlich sehr aktiv werden können,
wenn es darum geht,
Ideen kreativer Menschen
zu kritisieren.

Gefühle sind wahr,
es gibt keine
falschen Gefühle.

Dein Ursprung ist
niemals
Entschuldigung
für dein Handeln.
Du bist und bleibst
selbstbestimmt.

Was für eine Überheblichkeit
zu glauben,
für alles verantwortlich zu sein.
Nur der Egozentriker
verzweifelt
an der Schlechtigkeit der Welt.

Was ist Schicksal?
Schicksal ist das,
was wir aus unserem
Leben machen.

Was nützt es,
dass ich viel
zu geben habe,
wenn es niemand
annehmen will?

Was ist Freiheit?
Es kommt der Zeitpunkt,
an dem alle Werte,
auf die das eigene Leben
aufgebaut ist,
in Frage gestellt sind,
doch das Leben
geht trotzdem weiter.

Träum´ ich in den Tag hinein,
fühl ich mich so recht allein,
niemand da, der meine Nöte kennt.
Ich vermisse eine Stimme,
die mir Zuversicht beschert
und mich fast vergessenes
Glücklichsein und Liebe lehrt.

Was gibt man seinem Kind?
Sachen – massenhaft,
Dinge – morgen vergessen,
schenken will ich so viel,
aber was gebe ich meinem Kind?
Geborgenheit?
Zuversicht?
Freude am Leben?
Werte?
Maßstäbe?

Wo du auch bist auf dieser Welt,
in meinem Herzen, da bist du geborgen.
Doch wenn mein Herz sich nach dir sehnt
und ich nicht weiß, wie es dir geht,
denk´ ich, was du wohl zu mir sagen
würdest:
„Mama, mach´ dir keine Sorgen.“

Die Sonne scheint
und doch,
mein Herz, das weint.
Ich wünsch´ mir so,
ich wär´ mit dir vereint.

Für meinen Geliebten

Unsere Welten sind so weit entfernt,
dass ich nur verzweifelt bin.
Mein Herz spricht eine Sprache,
Liebe, die du nicht verstehst.
Manchmal denk´ ich, wir sind
wie eine Blinde und ein Tauber,
jeder lebt in seiner eignen Welt,
die der andere nie erahnt,
wenn nicht diese Zuneigung wäre,
die uns die verschlungenen Wege bahnt.

Die Verzweiflung
lehrt mich Kreativität,
die am Anfang
jeder neuen Schöpfung steht.

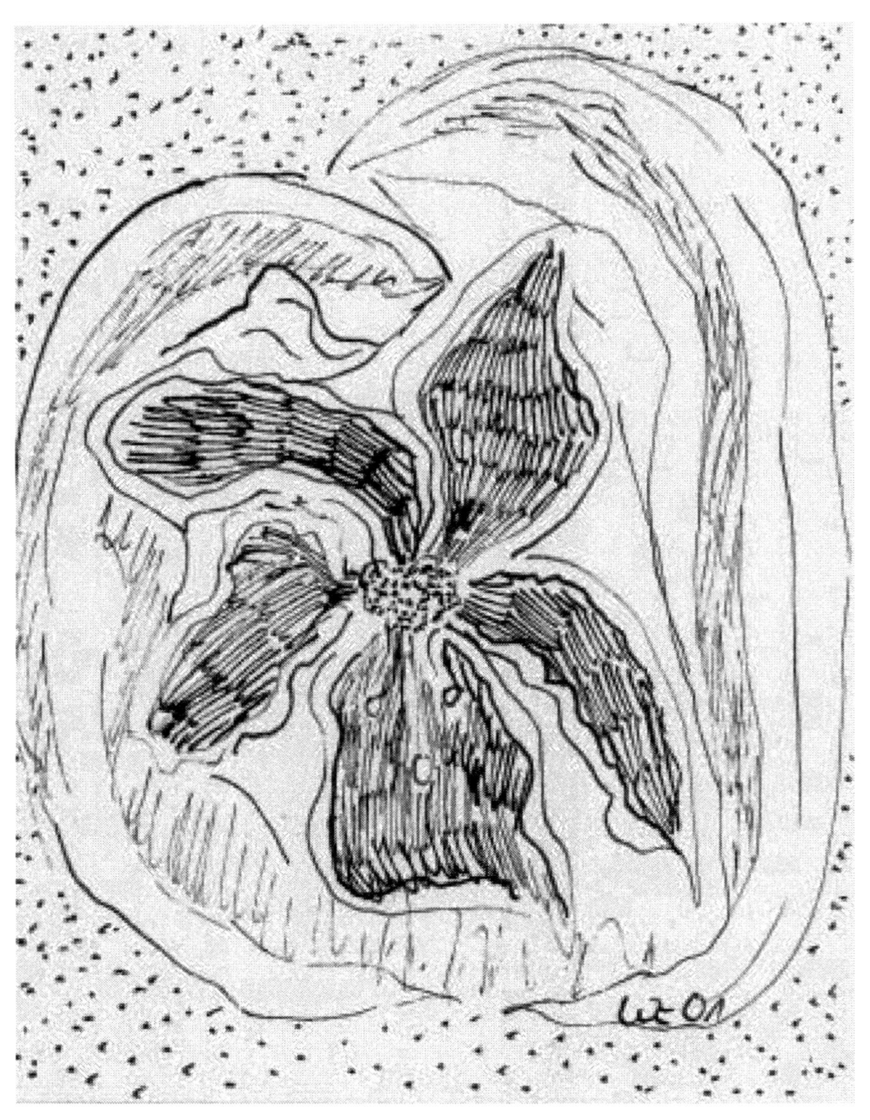

Jeder Mensch,
und sei er auch noch so
verschieden von mir
ist ein Teil von mir
durch meine
alles umfassende
Liebe.

Kinder und Jugendliche
sind nicht Feinde,
sondern unsere Zukunft

To Brittany Dieter

Enjoy the day,
enjoy the night,
enjoy to be –
enjoy your life!

Ich lieg´ in deinen Armen
und fühle mich geborgen.
Ich will nicht denken,
will nur fühlen,
jetzt,
nicht gestern oder morgen.

In deiner breiten Brust
schlägt ein großes Herz.
Vertrau ihm
in Freude und auch
im Schmerz.

Wer ist ein Egoist?
Jemand, der jeden anderen,
doch niemals sich selbst
vergisst.

„Bist du sauer?" , spricht die
Melone zur Zitrone.
„Ja", sagt die Zitrone.
Da erwidert die Melone:
„ Du solltest im Leben
nach etwas mehr `Süße` streben!"
„Warum", fragt die Zitrone,
„was gut ist für Melonen,
muss sich für Zitronen
noch lange nicht lohnen."

Es gibt so viele Wunder
hier auf dieser Welt,
so viel, was sich
zu lieben lohnt,
und eines
dieser Wunder
bist du.

So groß das Universum
auch ist,
meine Liebe
füllt es aus.

Liebe zu sich selbst
ist kein Egoismus,
Liebe zu sich selbst
ist kein Narzissmus,
Liebe zu sich selbst
ist der Schlüssel
zum Frieden.

Wenn du aufhörst zu
leiden,
kannst du anfangen zu
lieben.

Die Vollkommenheit
liegt in der
Unvollkommenheit.

Gut und Böse
sind wie
Wassertropfen im
Meer.

Was du lernst, zeigt dir den Weg,
was du fühlst, das kannst du geben,
hab´ Vertrauen in die Zukunft
und vergiss nicht *jetzt* zu leben.

Verdammt noch mal
und zugenäht
und umgeschubst,
denn neu entsteht
was noch nicht war
und was doch war,
wenn Chaos kommt,
danach vergeht,
Ordnung entsteht.

Gut und Schlecht
sind nicht zu trennen,
ohne eins
gibt es das andere nicht.
Hänge nicht an deinen
Illusionen,
nehme beides,
Dunkel und das Licht.
Denn dann kannst du
deines Weges gehen,
Freude übers Leben
keimt in dir
nur im demutsvollen
Angesicht des Todes,
ich bleibe noch ein bisschen,
dann komme auch ich
zu dir.

Die Kraft kommt,
wenn ich meine Lasten selbst trage.
Wenn ich die Lasten anderer trage,
schwächt es sie und mich.

Danksagung

Ich danke allen Menschen, die mir zu meinen Einsichten und Erfahrungen verholfen haben, auch dazu, Meinungen zu überdenken. Besonders danke ich meinem Mann Martin, meinen Töchtern Lena und Josi meinen Eltern und Geschwistern, meinen Freunden, meiner damaligen Lehrerin Ute Goldbeck, die eine Glut entdeckt und das Feuer entfacht hat. Vielen Dank den Mitarbeitern des „Museum der Arbeit" in Hamburg, die mir bei der Umsetzung der Idee, meine Gedichte zu drucken, immer freundlich und hilfsbereit zur Seite standen. Ich danke dem Leben dafür, dass es durch mich hindurch fließt und ich danke der Einsicht, die, obwohl sie manchmal schwer zu ertragen ist, den Weg zu sich selbst ebnet. Ich wünsche allen Menschen Glück und Segen.

Wiebke Eggers